重ねるだけで人生が変わる「億万長者ボード」のロト6が当たる使い方

坂元裕介《さかもとゆうすけ》

JN237406

東邦出版

はじめに　～本書の特徴と儲かる使い方～

次の①、②のどちらがロト6の高額当選に近いかは、いうまでもない。

①誕生日や電話番号などをヒントにロト6を購入する。

②過去のデータを分析したうえで、理にかなった数字を選んでロト6を購入する。

にもかかわらず、①のような買い方をするファンはいまだに非常に多い。購入する数字を勘と運を頼りに選ぶくらいだったら、信頼できるデータに頼ったほうが断然いいというのは、誰もが頭ではわかっているはずなのに。

ご存じの通り、ロト6はこちらが自由に数字を選択できる宝くじである。ということは、過去の傾向を正しく分析できれば、当選のチャンスは大きくなる。

つまり、「**ロト6は、正しい方法で研究した者が勝利できる宝くじ**」なのだ。

皆さんにはこの研究の成果をとくとご覧いただき、勝利を思う存分に実感していただければと思う。

なお、本書は次の5つの特徴からもわかるように、誰にでも簡単に使いこなすことができる。複雑な計算などは一切必要ないので、ご安心いただきたい。

ロト6の当選数字が、わずか1分でわかる　早い！

重ねるだけで人生が変わる
「億万長者ボード」のロト6が当たる使い方

「億万長者ボード」を使うから、
楽しみながら当選数字がわかる
楽しい！

確かな根拠（膨大なデータの裏付け）があるから、
信頼度抜群
安心！

前々回と前回の抽選結果だけで
今回の当選数字がわかるから、誰でもすぐに使える
簡単！

最新のデータが掲載されているから、
より正確に予想できる
正確！

このように本書は「早い」「楽しい」「安心」「簡単」「正確」というロト6攻略に必要な要素が詰まった一冊だ。

攻略法の詳しい解説も記したが（第2章）、今すぐ使ってみたいという方はその解説すら読む必要はない。さっそくステップ1に進んでいただければと思う。第1章（あるいは41ページ〜の「手順まとめ」）に掲載したステップ1〜5を手順通りに進めるだけで、あっという間に今回のロト6で購入すべき数字が浮かび上がってくるのがおわかりいただけるだろう。

購入すべき6つの数字がわかるまでに必要な時間はほんの1分程度。本書で初めて「億万長者ボード」理論に触れるという方でも、3〜4分もあれば十分すぎるくらいだ。先にもいったように、難しい計算や、特別な道具は一切必要ない。過去2回の抽選結果と付録の「億万長者ボード」さえあれば誰にでも簡単に実践可能な理論なのである。変に身構えることなく、気軽な気持ちで取り組んでいただければと思う。

次に本書の構成についてお話ししておこう。

本書は、使い勝手を考え以下のように構成した。

まず第1章（9ページ〜）では、実際の抽選結果を使った詳しい予想手順を掲載した。

この章では、表なども必要な箇所だけを抜粋し、できる限りわかりやすく書いたつもりだ。まずはこの章をじっくりと読み、予想手順の流れを理解していただきたい。特に本書で初めて「億万長者ボード」理論に触れる方、まだ手順について自信がないという方は必読である。

続いて第2章（29ページ）。

ここでは「億万長者ボード」理論のもととなった考え方などを書かせていただいた。必ずしも読まなければ実践できないというわけではないので、先を急ぐ方は読み飛ばしていただいても構わない。

ただ、理論を深く知っておきたい方、どういう理由で各ステップの作業が必要とされているのかを知りたい方は、ぜひ目を通しておいていただきたい。それ以外の方も、手順ひとつひとつに込められた意味を知ることで、安心して「億万長者ボード」理論を使っていただけるのではないだろうか。

そして第2章の次には「手順まとめと各表一覧」（41ページ）を掲載した。

詳しい解説はすべてカットし、必要なことだけを掲載したので、ある程度慣れてきたらこの項を開きながら予想するのが最も手っ取り早い。予想に必要な表もすべてこの部分にまとめて掲載した。

そして第3章（57ページ）。

ここは、「億万長者ボード」を重ねるチャンスシートがすべて掲載されている。

さて、あまりここでくどくどと話しても、話は進まない。さっそく第1章へと進んで、今回のロト6抽選に備えていただこう。

せっかくの高額当選の機会を逃さないように。

２０１３年　梅雨が明けた日に、自宅にて

坂元裕介

重ねるだけで人生が変わる「億万長者ボード」のロト6が当たる使い方

もくじ

特製「億万長者ボード」付き

※本書で扱っているデータは、第1回～第769回(2000年10月5日～2013年6月13日)の抽選をもとに算出しています。

装丁
「億万長者ボード」デザイン
本文フォーマットデザイン

フリークデザイン
http://www.freakdesign.jp

イラスト

えのもとおさむ

制作協力

文具社

制作

シーロック出版社

第1章

「億万長者ボード」を重ねるだけでロト6が当たる方法

すでにお馴染みの方も多いだろうが、「億万長者ボード」理論は、近2回の抽選結果から今回の軸数字（軸となる数字）を選び、付録の「億万長者ボード」を重ねるだけで購入すべき数字が浮かび上がるという非常に簡単な理論だ。本章を読むだけで、さっそく今回のロト6から購入することができる。

もちろん本書で初めて「億万長者ボード」理論に触れるという方でも、容易に理解できるだろう。

すでに「億万長者ボード」シリーズの過去作をお持ちの方は、これまでと同じ方法を続ければＯＫ。

本作では、買い目の根拠となるデータを最新のものに更新したことで、過去作よりもさらに信頼度が上がっているのを実感していただけるはずだ。

また、データ量が増えたことにともない、グループ分けなどの修正を施したが、基本的な予想方法や考え方はこれまでと同じである。安心してお使いいただきたい。

それでは、さっそく手順の説明に入ろう。

実際の予想の流れを感じていただくために、過去の抽選結果から具体的な数字を出しつつ手順を進めていく。

ここで使用する（例として予想する）のは２０１３年４月15日（月）に行なわれた第７５２回のロト6抽選とする。

ステップ1
前々回と前回の抽選結果から、それぞれ最も小さい数字を確認する！

最初に確認するのは、ロト6の前々回と前回の抽選結果。

前々回と前回のそれぞれの抽選結果のなかで最も小さい数字（＝最小数字）をチェックしよう。この際、最小数字は本数字の6つの数字のなかから選び、ボーナス数字について考える必要はない。

2013年7月現在、ロト6は毎週の月曜日と木曜日に抽選が行なわれている。したがって、今回予想する抽選回が木曜日分の場合、前々回は前週の木曜日、前回は当週の月曜日の抽選結果が対象となる。同様に、今回予想する抽選が月曜日分の場合、前々回とは前週の月曜日、前回とは前週の木曜日の抽選のこととなる。

ここでは2013年4月15日（月）の第752回ロト6を予想するので、前々回の抽選結果とは前週の4月8日（月）に行なわれた第750回のもの。前回の抽選結果とは前週の4月11日（木）に行なわれた第751回のものとなる。

なお、それぞれの抽選結果は次ページの通り。

前々回
２０１３年４月８日（月）　第７５０回抽選結果
【4　6　13　16　18　39】

前回
２０１２年４月11日（木）　第７５１回抽選結果
【13　16　21　25　31　38】

それぞれの抽選結果のなかから、最も小さい数字をチェックすると、前々回は【4】、前回は【13】だということがわかる。

なお、先ほども書いたように、最小数字は必ず本数字のなかから選ぶものとし、ボーナス数字は無視すること。

ちなみに、前々回、前回の抽選結果は、多くの宝くじ売り場に貼り出されているので、そちらを確認していただきたい。また、新聞によっては当選番号が掲載されるものもある（火曜日、金曜日の朝刊）。その他、インターネットが使用可能な環境であれば、みずほ銀行のホームページに宝くじコーナーがあり、そこで当選数字を確認することもできる。

ステップ2

最小数字グループ表を確認する！

手順1で確認した前々回と前回の最小数字が、グループ【A】【B】【C】【D】のどのグループに該当するかを確認する。

このグループ分けは、左の「最小数字グループ表」（手順まとめと各表一覧にも掲載）を見ればひと目でわかる。

最小数字グループ表

最小数字	グループ	出現率
1	A	25.1%
2		
3	B	27.5%
4		
5		
6	C	26.2%
7		
8		
9		
10	D	21.3%
11		
12		
13		
14		
15		
16		
17		

※最小数字が「18」以上となった場合は、グループ【D】として取り扱うこと。

ステップ1で例とした第752回抽選の場合、前々回の最小数字は【4】なのでグループ【B】、前回の最小数字は【13】なのでグループ【D】だと確認できる。

ステップ3

前々回↓前回のグループの変化から、今回のグループを決定する！

今回の抽選で出現しやすい最小数字のグループは、前々回↓前回のグループがどのように変化したのかをチェックするだけで簡単に決定できる。それをまとめたのが「グループ決定表」だ。

「グループ決定表」は、前々回↓前回のあらゆるケースにおいて、今回の各グループの出現率がわかるようになっている。今回のグループ【A】〜【D】のなかから、最も出現率の高いグループを選ぶだけでOKだ。

これは直近（前2回）の抽選結果から今回の抽選へと続く「勝負の流れ」を見極める予想方法である。あらゆる角度から過去の結果を分析して明確になった傾向をもとに、今回の当選数字を予想する。

実際に見てみよう。

第752回ロト6の場合、ステップ2で前々回がグループ【B】、前回がグループ【D】だと判明した。このケース（前々回【B】↓前回【D】）で使用する表を左に抜粋したのでご覧いただきたい（「グループ決定表」は「手順まとめと各表一覧」の45〜46ページに掲載）。

左ページの表を見ると、前々回【B】↓前回【D】という変化の場合（表○内）、今回グループ【A】が出現する確率は22・2％、【B】が出現する確率は31・1％、【C】は28・9％、【D】は17・8％となっているのがわかる。このなかで最も出現率が高いのは、31・1%のグループ【B】。よって、グループ【B】を選択する。

ちなみに本書では複数の買い目を購入する方のために、2番目に確率が高いグループを第2推奨として掲載している（今回の例では、出現率28・9%のグループ【C】が第2推奨となる）。

基本ルールとして第1推奨が最優先となるが、資金的に余裕があって複数の買い目を購入したい場合や、ほかの人とは違う買い目を購入したい方は、第2推奨まで視野に入れるのもひとつの手だ。

グループ決定表
（前々回Bの場合）

前々回→前回	今回のグループ	出現率
B→A	A	30.6%
	B	26.5%
	C	22.4%
	D	20.4%
B→B	A	20.0%
	B	35.6%
	C	24.4%
	D	20.0%
B→C	A	29.8%
	B	35.1%
	C	17.5%
	D	17.5%
B→D	A	22.2%
	B	31.1%
	C	28.9%
	D	17.8%

なお、複数のグループの出現率が同じ場合は、どれでも好きなグループを選んでいただいてかまわないが、私がオススメするのは数字が小さいほうを優先する選び方。

左の「軸数字出現率表」をご覧になればわかる通り、基本的には小さい数字のほうが最小数字（＝軸数字）として出現しやすい（数字によっては出現率の逆転もあるが、傾向としては小さい数字のほうが出現率が高くなっている）。つまり出現率が同じケースでのグループの優先順位は【A】→【B】→【C】→【D】とするのが最も理にかなっているわけである。

念のために具体例を出しておくと、前々回【C】→前回【C】は、出現率34・1％で【B】と【C】が同率1位。この場合、数字の小さい【B】が最もオススメで、その次が【C】になるということだ。

軸数字出現率表

グループ	軸数字	出現率
A	1	12.5%
	2	12.6%
B	3	10.7%
	4	9.8%
	5	7.0%
C	6	9.1%
	7	6.8%
	8	7.0%
	9	3.3%
D	10	5.0%
	11	3.7%
	12	3.4%
	13	1.8%
	14	2.6%
	15	1.8%
	16	1.8%
	17	1.4%

ステップ4
今回のグループから、軸数字を決定する！

続いて今回の抽選で軸となる数字（＝軸数字）を決定する。

「億万長者ボード」理論では、これまでの作業でも基準としていた最小数字がそのまま軸数字となる（軸数字＝今回の最小数字）。

実際に軸数字を決定してみよう。

ステップ3で今回のグループが決定した。

このステップ4は、今回のグループのなかから軸数字を選ぶ作業だ。作業とはいってもやることは簡単。第752回ロト6を例に端的にいってしまえば、ステップ3で決定したグループ【B】に属する数字（ステップ2で使用した「最小数字グループ表」参照）のなかから好きな数字を選ぶだけである。要するに、グループ【B】の数字【3】【4】【5】のいずれかを選ぶだけでOKということ。これで軸数字が決定する。

ただし、軸数字も確率に基づいて決めたいという方も多いと思われる。その場合は「軸数字決定表」をご覧になれば、出現率の高い軸数字を簡単に選ぶことができる。

次ページに前々回【B】→前回【D】→今回【B】のケースで使用する「軸数字決定表」を抜粋して掲載しておいたので、ご覧いただきたい。

軸数字決定表（前々回がCの場合）

前々回→前回	今回	軸数字	出現率	推奨
B→D	B	3	57.1%	第1推奨
		4	21.4%	
		5	21.4%	
	C	6	46.2%	第2推奨
		7	15.4%	
		8	15.4%	
		9	23.1%	

上の表を見ると、今回の軸数字が【3】になる確率（出現率）は57・1％、【4】になる確率は21・4％、【5】になる確率も21・4％と出ている。このなかで最も出現率の高い数字を選ぶと57・1％の【3】。これが今回の軸数字となる。

「軸数字決定表」のなかから出現率の高い数字を選ぶだけなので、誰でも簡単に軸数字を決めることができるだろう（すべての「軸数字決定表」は、49～54ページに掲載）。

なお、グループ決定のところでも書いたが、複数の数字の出現率が同じ場合は、数字が小さいほうを優先するのがオススメだ。

ステップ5

軸数字のチャンスシートに「億万長者ボード」を重ねる！

ステップ4までの作業で、今回予想するロト6の軸数字が決定した。

次はいよいよ大詰め、第3章に掲載した各軸数字のチャンスシートに付録の「億万長者ボード」を重ねて、買い目を決める作業だ。

本書付録の「億万長者ボード」には、筆頭数字の穴が1つ、相手数字の穴が4つ、合計5つの穴があいている。この5つの穴から見える数字と、ステップ4で決定した軸数字を合わせると全部で6つの数字がそろう。この6つの数字こそが、今回で購入すべきロト6の買い目となる。

詳しく説明していこう。

本書の巻頭に付いている「億万長者ボード」を取り出し、ステップ4で決定した軸数字のチャンスシートを開いていただきたい。開くチャンスシートは67～69ページに掲載された軸数字【3】のものだが、ここでは手間を省くために21ページに軸数字【3】のチャンスシート1とまったく同じものを掲載しておいた。これを使って説明する。

「億万長者ボード」をご覧いただくと、ボードの上部には「筆頭数字」と書かれたピンク色の穴があるのがわかる。この穴をチャンスシート上部にある「筆頭数字」と書かれた枠内の5つの数字にそれぞれ重ねていくのである。

チャンスシート1枚につき、筆頭数字の数は5つ。つまり、5口分（1000円分）の買い目がわかる。

軸数字【3】チャンスシート1の上部には、筆頭数字の【18】が3つ、左下に【13】、右下に【36】が配置されている。

最初に「億万長者ボード」を重ねるのは、上段の左の枠。つまり、上段に3つ並んだ【18】のいちばん左の枠に「億万長者ボード」の筆頭数字の穴を重ねるわけである。

実際に左のチャンスシートを使って「億万長者ボード」を重ねてみよう。

すると、「億万長者ボード」の筆頭数字の穴からは【18】が、相手数字の枠にある4つの穴からは、それぞれ【13】【25】【31】【36】が浮かび上がってくる。これと軸数字の【3】を加えた6つの数字が1口目の買い目となる（軸数字【3】、筆頭数字【18】、相手数字【13】【25】【31】【36】）。この6つの数字を、そのままロト6申込カードにマークすればOKだ。

続いて2口目の買い目。「億万長者ボード」を少しだけ右にずらし、筆頭数字の穴を上段真ん中の【18】に重ねてみよう。すると下部にある相手数字の穴からは【5】【13】【22】【37】という4つの数字が浮かび上がる。これで、軸数字【3】、筆頭数字【18】、相手数字【5】【13】【22】【37】の合計6つの数字がわかる。これが2口目の買い目だ。

3口目は「億万長者ボード」をさらに右にずらし、筆頭数字の上段右の【18】に重ねる。そうすると、軸数字【3】、筆頭数字【18】、相手数字【8】【23】【29】【36】の6つの数字がわかる。

続く4口目は筆頭数字の下段に移り、下段左の【13】に重ねる。正しく重ねると、買い目は軸数字【3】【13】【16】【24】【27】【36】となる。

軸数字

3

チャンスシート 1

筆頭数字

18	18	18
13		36

相手数字

31	37	8	33	15	8	21
14	24	21	6	36	5	23
24	29	24	26	39	27	5
19	40	7	11	27	6	29
20	12	26	LOTO6	31	39	11
41	25	30	4	13	22	29
36	25	13	36	18	26	7
29	33	19	10	36	34	13
8	16	18	17	17	31	9

「億万長者ボード」筆頭数字の穴を、チャンスシートの筆頭数字（5つ）にそれぞれ重ねていく。

軸数字

3

チャンスシート 1

筆頭数字

18	18	18
13		36

相手数字

31	37	8	33	15	8	21
14	24	21	6	36	5	23
24	29	24	26	39	27	5
19	40	7	11	27	6	29
20	12	26	LOTO6	31	39	11
41	25	30	4	13	22	29
36	25	13	36	18	26	7
29	33	19	10	36	34	13
8	16	18	17	17	31	9

そして5口目は、右下の【36】に筆頭数字の穴を重ね、買い目は【3】【13】【17】【24】【29】【36】となる。

このように「億万長者ボード」をチャンスシートに重ねるだけなので、簡単に買い目が浮かび上がるのが実感できるはずだ。チャンスシート1枚につき5口分の買い目となるが、さらに購入したい方は、チャンスシート2〜3へ進んで同様の買い方をすればOKだ。

「億万長者ボード」を重ねる順をおさらいしておくと、上段左→上段真ん中→上段右→下段左→下段右の順。これはしっかりと頭に入れておいていただきたい。

ちなみに買い目の優先順位は、チャンスシート1の1口目（左上の筆頭数字）がもっとも高く、5口目（右下の筆頭数字）が5番目。以下、チャンスシート2の左上の筆頭数字が6番目、チャンスシート2の右下の筆頭数字が10番目、チャンスシート3の左上の筆頭数字が11番目、チャンスシート3の右下の筆頭数字が15番目の買い目となる。

何口分購入するのかは、読者の判断にお任せするが、ひとついえるのは長く続けられる金額で購入するべきということ。2〜3回大金を突っ込んで「外れたからやめた」ではあまりにももったいない。負担にならない金額で、楽しみながら長く続けること。これが当選を引き寄せるコツである。

念のため、次ページに軸数字【3】のチャンスシート1〜3の買い目をまとめて掲載しておいた。自分で「億万長者ボード」を重ねたときに、この買い目と同じになれば、「億万長者ボード」は正しく使えている。安心して使い続けていただきたい。

【 3 13 18 25 31 36 】

【 3 5 13 18 22 37 】

【 3 8 18 23 29 36 】

【 3 13 16 24 27 36 】

【 3 13 17 24 29 36 】

【 3 13 18 21 28 41 】

【 3 13 23 28 31 36 】

【 3 5 13 20 26 43 】

【 3 16 18 26 28 37 】

【 3 16 23 28 36 41 】

【 3 16 18 29 36 43 】

【 3 8 18 27 31 36 】

【 3 5 18 23 36 37 】

【 3 17 18 25 36 41 】

【 3 13 17 25 29 37 】

さて、買い目が出たところで、そろそろ第752回ロト6の抽選結果が気になるところだが……

2013年4月15日　第752回 ロト6抽選結果

【3　5　13　18　22　37】ボーナス数字【14】

もう一度、推奨された軸数字【3】の買い目と照らし合わせると……、

【 3 13 18 25 31 36 】5等当選

【 3 5 13 18 22 37 】1等当選!!

【 3 8 18 23 29 36 】

【 3 13 16 24 27 36 】

【 3 13 17 24 29 36 】

【 3 13 18 21 28 41 】5等当選

【 3 13 23 28 31 36 】

【 3 5 13 20 26 43 】5等当選

【 3 16 18 26 28 37 】5等当選

【 3 16 23 28 36 41 】

【 3 16 18 29 36 43 】

【 3 8 18 27 31 36 】

【 3 5 18 23 36 37 】4等当選

【 3 17 18 25 36 41 】

【 3 13 17 25 29 37 】

なんと！　軸数字【3】の2番目の組み合わせで1等が当選する。

この当選は、前々回→前回の流れから今回の軸数字【3】をズバリと的中させただけでなく、軸数字【3】と最も相性の良い（一緒に出現しやすい＝筆頭数字）【18】が本数字に含まれている。さらにもうひとつの筆頭数字である【13】も本数字に含まれているため、軸数字【3】の推奨買い目のなかでも上位に配置される買い目で、1等を当選させることができたのである。

ちなみに当時の1等当選金は1億4826万4300円。2億円には届かなかったものの、それでも十分すぎる配当である。

このように、「億万長者ボード」理論は、今回出現する確率の高い数字、またそれと相性の良い数字、相手数字としてふさわしい数字を、かなりの精度をもって浮かび上がらせることのできる理論である。煩わしい作業も一切排除しているので、誰にでも簡単に精度の高い予想が可能だ。本書を末永く使い続けていただければ幸いだ。

以上で、手順の説明は終了する。

ここまでしっかりとお読みいただければ、予想の流れは掴めたのではないかと思う。実際に予想する際には41ページから掲載した「予想手順まとめと各表一覧」をご覧いただくのがいいだろう。予想手順と必要な表をすべてまとめているので、より簡単に、スピーディーに予想が完了できるはずだ。

坂元裕介のワンポイントアドバイス

ステップ4の「軸数字決定表」には、第1推奨と第2推奨があると先に述べた。

第1推奨とは「グループ決定表」で最も出現率が高かったグループで、第2推奨とはその次に出現率が高かったグループを指している。簡単にいえば、2番目にいい数字ですよ、ということだ。

第2推奨の使い方（というほど大げさなものでもないが）は、第1推奨の買い目では足りない、もっと買いたいという方が選択する数字という認識でかまわない。

また、できるだけ人とは違う買い目を買いたいという方が利用するのもいいだろう。

ただし、その場合はひとつだけ注意点がある。第1推奨と第2推奨、どちらが出現する確率が高いかというと、当然の話だが、第1推奨である。いくら人とは違う買い目を購入したいとはいっても、わざわざ確率の低い（誤解のないようにいっておくと、あくまで第1推奨と比較すると低いという話。第2推奨もその他の数字と比較すると、出現率は非常に高い）数字を選び続けるのは、得策ではない。

たとえば、「グループ決定表」で最も出現率の高いグループ（第1推奨）と2番目に出現率の高いグループ（第2推奨）の出現率の差がそれほどないケースで第2推奨を選択するのはありだが、その出現率がかなり開いているケースで第2推奨を選択するのはちょっと考えたほうがいいだろう。

基本的には第1推奨から、余裕があったり、ちょっと人とは違う買い目をという場合に第2推奨を使うというのが、賢い使い方だと考える。

第2章

なぜ「億万長者ボード」を使うとロト6が当たるのか

ロト6を含め、ロト系の宝くじ（ミニロト・ロト7）には、他の宝くじにない魅力がある。

その最大の魅力は、やはり購入数字を自分自身で自由に選べることだろう。

他の宝くじ、例えば年末ジャンボ宝くじは、仮に当選番号を予想できたとしても（予想自体は可能だと考えるが）、その番号が印刷された宝くじがどこで販売されるかを知ることはできない。つまり、せっかく予想した番号を購入することができないのである。これでは予想する意味がない。

一方、ロト6は当選番号を予想したら、どの売り場でもその組み合わせを簡単に購入することができる。

本来「くじ」というものは、誰もが同じ確率で、勝敗・順番・当落を決められてしまう「偶然性」に支配されたものだ。よく神社で売っているおみくじも運任せ。先に話した年末ジャンボ宝くじも運まかせ。最高6億円という当選金で話題になっているBIG（サッカーくじ）も運任せ……。すべて「偶然」当たりをひくか、「偶然」ハズレをひくかというものだ。

このように「くじ」と名のつくものは基本的に運任せではあるのだが、ロト6は違う。こちらで自由に数字を選べるというある意味特殊な宝くじなのである。

そして選択の自由があるところには、必ず傾向が生まれる。ここがポイント。つまり自由な選択があり、過去の傾向を分析できる環境があるのだ。ここに、攻略法が存在しうる、そしてその攻略法が有効となる理由がある。

「ロト6は、正しい方法で研究した者が勝利できる宝くじ」なのである。

本書の冒頭でこう書いた。

①誕生日や電話番号などをヒントにロト6を購入する。
②過去のデータを分析したうえで、理にかなった数字を選んでロト6を購入する。

①、②のどちらがロト6の高額当選に近いかは、いうまでもないだろう、と。

あの場では、その理由まで触れなかったのが、いってみれば、①は偶然に身を任せる買い方。そして②は、傾向を分析する買い方。結果的に、①のほうが早く当たるかもしれない。しかし、それは途方もなく低い確率をものにする幸運に賭けているだけである。何百回、何千回、いや何万回と繰り返したところで、その幸運の確率は変わらない。いつか当たるかもしれない幸運に盲目的に賭け続けるという、その行為を否定するつもりはないけれど。

しかし、②のように、正確に傾向を分析することで、その幸運の確率以上のチャンスが生まれる。そう私は考えている。あえて極端な話をすれば、今後十年間、自身の幸運に賭けて根拠のない数字を買い続けるのと（①）、過去のデータを分析し、傾向を把握したうえで根拠のある数字を買い続けるのと（②）、どちらのほうが儲かっているだろうか、ということだ。

選択の自由があり、そこに傾向が生まれるというロト6の特殊性を見抜き、私がロト6攻略のデビュー作を出してから約4年が経った。
その間にロトを取り巻く状況も少しずつ変化した。
最も大きな変化として、2011年4月からロト6の抽選が週2回に増えたことがあげられる（それ以前、週1回の抽選だった）。
過去の傾向を分析するうえで、抽選回数が増えてサンプルが多くなるのは歓迎すべきことなのだが、この抽選回数の増加という変化が抽選結果にどのような影響を及ぼすのかを分析する必要があった。抽選が週1回の時と週2回の時の出現率データを比較したり、月曜日分と木曜日分の抽選における当選数字を別々に分析したり、その他にも様々なデータを用いて研究を続けてきた。
そして2013年春時点で、週2回の抽選になってから約2年が経過。本書に収録されたデータ、買い目をもって、この分析作業に一定のメドが立ったと自信を持っている。誌面の都合上、さすがにすべてのデータを掲載することはできないが、本書で研究の成果を買い目に反映させることができたのである。この件が気になっていた方は、ご安心いただきたい。
そして、もうひとつの大きな変化といえば、ロト6を上回る当選金を誇るロト7が発売されたことだろうか。
発売決定当初はロト7が発売されることでロト6の売り上げが減り、当選金や出現数字への影響も出るのではないかという声も聞こえてきたが、現時点ではその影響はないといって良いだろう。たしかに、ロト7が発売（2014年4月〜）されてからはロト6の売り上げが毎回5億円ほど落ちていた。しかし、それも一時的な影響となりそうだ。現に2013年6月には、ロト6の売り上げも以前と変わらぬレベルにまで戻ってきている。もちろん今後、どのような変化、影響があるのかは注視しておく必要があるが、近々に大きな影響を受けることはないのではなかろうか。この点もご安心いただきたい。

さて、ロト7の話が出たとなると、やはり皆さんが気になるのは「億万長者ボード」シリーズのロト7版の発売があるかどうかだろう。すでに沢山のお問い合わせをいただいているので、この場でお伝えしておこう。

まず発売があるのかどうか。

これに関してはよほどのことがない限り、発売するつもりだ。すでに理論の発表に向けたデータ分析なども行っている。

となると、「では、いつ発売になるのか」ということだが、ロト7は、2013年4月に発売が開始された宝くじで、本稿執筆時点でもまだ十数回の抽選が行われているだけである。さすがにこれではサンプルが少なく、信頼のおけるデータを基に理論を構築するのは不可能だ。よって、現時点での攻略法の公開は時期尚早といえる。また、ロト6よりも少ない数字のなか（1～37）から数字を7つ選ぶ、ボーナス数字が2つなど、ロト6よりも複雑なデータ分析が必要なうえ、当選確率の低いロト7だけに、慎重を要したいというのが本音。ロト7発売前からすでに研究は始めており、少しずつではあるが確実に傾向を掴んできているが、ロト7で勝負するのはまだ早いと考えている。

しばらくの間は、すでに傾向が明確になったロト6で勝負するのが得策だろう。

もちろん皆さんが安心して使えるレベルの理論ができた時点で、ロト7攻略法を公開するので、もう少しだけお待ちいただきたい。このまま順調に研究が進めば、おそらく2014年春には攻略法が完成するのではないかと考えている。

さて、そろそろ本書の内容にも具体的に触れていこう。

ロト6の買い目を出すための手順は、第1章を読むだけで理解できたはずだ。本書は、誰でも簡単に楽しみながらロト6の買い目がわかる攻略本。しかしながら簡単に使えるだけでなく、買い目の根拠として多くのデータ分析を行ってきた。

ここでは、それらのデータが持つ意味も含めて説明していこう。

まず、億万長者ボード理論で近2回（前々回と前回）の抽選結果から今回の予想を行うのはなぜかということだが、この理由は、「勝負ごとには、流れがある！」からということに尽きる。

では、「勝負の流れ」とは何なのか？

私は海外に行くとカジノに向かう。

単純にカジノが好きということもあるが、カジノでは「勝負の流れ」を実感する機会が多いということもその理由のひとつだ。私にとって「勝負の流れ」を身を持って感じる経験は、非常に大切なのである。

ゲームのなかでは特にルーレットを得意にしており、大きく儲けたことも何度もある。ルーレットは、「勝負の流れ」を語るうえで非常にわかりやすいゲームなので、これを例に説明を続けよう。

ルーレットの遊び方のひとつに「赤」と「黒」どちらかを選ぶという賭け方があり、当たれば賭け金が2倍になる。

この賭け方をする場合、もし過去に5回連続して「赤」が出ている状況では、そろそろ「黒」が出るだろうと予想する人が多いのではないだろうか？　また、その一方で、あえて「赤」に賭ける人もいるかもしれない。しかし、ここで何の根拠もないままに、「赤」もしくは「黒」が出る確率は単に50％ずつであるに過ぎない。

ところがひとたび「勝負の流れ」を感じると、この確率は劇的に変わってくる。

たとえば過去1年間のデータ分析から「赤」が連続して5回出た場合、次も「赤」が出る確率は80％という事実を知っていたら、皆さんも自身を持って「赤」に賭けるのではないだろうか。私ならそうする。ともに配当が同じであれば、確率の高いほうに賭けるのが勝負事の鉄則だからだ。

この、過去の傾向から未来を予測するということが「勝負の流れ」を感じるということであり、そこに正確な分析による確固たるデータの裏付けがあれば、その予測（予想）は正解（当選）に近づいていくことになる。

本書ではこのような考え方をベースに、今回の当選数字を予想しているのだ。

ここでロト6に話を戻すと、本書ではこの「勝負の流れ」を重視したうえで、まずは近2回のグループの変化から、この勝負がどういう流れのなかにあるのかを判断し、信頼できる軸数字を選ぶことが本書のひとつの核心といえる。
ちなみに軸数字とは基準となる数字という意味なので、最小・中間・最大のどこから選んでもいいのだが、6個の数字を決めるうえで最小数字を固定したほうがわかりやすい。いってみれば便宜上、最小数字を軸数字としているわけである。
それでは実際に軸数字を選ぶ手順に沿って、各ステップの意味などを説明していこう。
例えば、前々回の抽選結果の最小数字が「6」、前回の抽選結果の最小数字が「4」の場合、今回の最小数字（＝軸数字）はどれにすべきか。
本理論は、最小数字を4つのグループに分けることから始まる。
データ分析の初期段階から細分化しすぎると信頼できるデータが得られないため、ここでわざわざ（というほどの作業でもないが）グループに分けているのである。
例えばグループに分類した場合のパターン数（前々回×前回）は4×4で、16パターン。ところが最小数字を基にしたパターン数は38×38で、実に1444パターンにもなってしまう（ロト6は1～43のなかから6つの数字選ぶので、38が「いちばん大きな」最小数字となる）。執筆時の抽選回数でもまだ第770回かそこらなので、そのパターンの平均出現数は0・5強。つまり数としては0回か1回となってしまう。当たり前だが、この「1回」を取り上げて、「このパターンではこの数字が出やすい」ということはできない。
このようにデータを細分化しすぎると、まったく使い物にならなくなってしまう。そこで「億万長者ボード」理論では、各数字をある程度大きく括《くく》る（4つのグループに分ける）ことで、直近2回の結果を明確な傾向として捉えているわけである。

最小数字のグループは、1～2をグループ【A】、3～5をグループ【B】、6～9をグループ【C】、10以上をグループ【D】とする。分け方は、各グループの出現率がほとんど同じになるように工夫したもの。グループ【A】の出現率25・1％、グループ【B】の出現率27・5％、グループ【C】の出現率26・2％、グループ【D】の出現率21・3％と、各グループが近い出現率になっているのがわかる。

先ほどの例に戻ると、前々回の最小数字「6」はグループ【C】、前回の最小数字「4」はグループ【B】になる。

ここで「勝負の流れ」である、グループの変化を見ると（「グループ決定表」参照）、前々回【C】→前回【B】の場合、今回のそれぞれのグループの出現率は、【A】が25・5％、【B】が12・7％、【C】が47・3％、【D】が14・5％となる。よって、今回は圧倒的にグループ【C】の出現率が高いとわかる。出現率の最も低いグループ【B】と比較すると、約4倍近い差があるのがわかるだろう。

また、先ほど説明したグループ分けで、グループ【C】の（フラットな）出現率は26・2％だったが、前々回【C】→前回【B】という特殊な流れのなかでは、47・3％にまで跳ね上げていることからも、いかに「勝負の流れ」が影響を及ぼすかということを実感できるのではないだろうか。

ここまでの作業で、このケースではグループ【C】になりやすいとわかった。グループという大きな傾向がわかれば、さらにデータを細分化して軸数字を決めていけばＯＫ。

グループ【C】には、6~9の数字が属している。過去の傾向から、前々回【C】→前回【B】→今回【C】の場合、どの数字が軸になりやすいかを確認すると(「軸数字決定表」参照)、最も出現率の高い数字は「8」だとわかる。これで、過去の傾向から根拠ある軸数字を決定できた。

軸数字が決まれば、付録の「億万長者ボード」を取り出し、軸数字のチャンスシートに「億万長者ボード」を重ねるだけ。第1章で詳しく説明したように、穴から浮かび上がる数字をロト6申込カードに記載すればいい。はっきりいってしまうと、その数字がなぜ選ばれたのかを考える必要さえまったくないのだが、選ばれた数字の根拠を知っていれば、浮かび上がった数字をさらに自信を持って購入できるという方もいるだろう。

それぞれの数字が選ばれた理由についてもごく簡単にふれておくことにしよう。

軸数字「8」の場合、86~89ページを開く。

軸数字「8」の1ページ目には、軸数字が「8」のケースでは、その他の数字がどれくらいの頻度で出現しているかがわかるデータが記載されている。このデータを「筆頭数字順位表」と呼び、この表から出現頻度1位は「15」、2位は「20」、3位は「24」ということがわかる。この出現頻度ベスト3が、軸数字「8」の筆頭数字となるわけである。

ちなみに軸数字「8」の相手として、もっとも出現する「15」の出現回数は13回、相手として最も出現頻度の低い「17」はたった1回しか出現したことがないので、その差はあまりにも歴然としている。この差を知っているのと知らないのとでは、当選の可能性に大きな違いが出ることは容易に想像がつくだろう。

そして、各軸数字のページ、2～4ページ目にあるのが、「億万長者ボード」を重ねるチャンスシート1～3である。

シート上部の筆頭数字の枠に、先ほど説明した軸数字の相手として出現しやすい3つ筆頭数字がある。またシート下段の相手数字の枠には、軸数字や筆頭数字と一緒に出現しやすい数字の組み合わせがあり、「億万長者ボード」を重ねるだけで自動的にわかるようになっている。

ここでは単に「軸数字や筆頭数字と一緒に出現しやすい数字」と書いたが、その実、各数字間の相性や、出現率などを膨大なデータをもとに複雑に組み合わせているので、できる限り、その組み合わせはいじらずに、そのまま浮かび上がった組み合わせを購入することをオススメする。

ここまで億万長者ボード理論を完成させるまでには、様々な研究を積み重ねてきた。

もちろん読者の皆さんは、本書でそれらの研究における結論部分を簡単に手に入れることができるし、また、「億万長者ボード」を利用することで、楽しみながら買い目を知ることもできる。あまり難しく考えずに、長く楽しみながら利用していただければ幸いだ。

最後になるが、本書を利用してくださった方に、なるべく早く、そして多くの当選を味わっていただきたいと願っている。

私とともに高額当選をつかみ取りましょう！

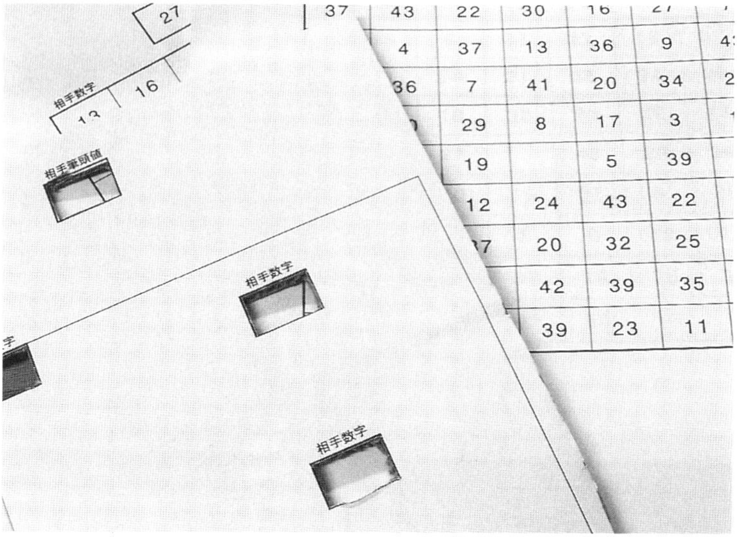

「億万長者ボード」理論開発当時の坂元氏お手製のボード。段ボールに印刷した紙を貼付けただけというシロモノだ。数字に関することは得意でも工作は苦手らしい。

お手製の「億万長者ボード」を使って、宝くじ売り場で予想する坂元氏。意外と周囲に馴染んでいた。

予想手順まとめ

LOTO6

手順まとめと各表一覧

ここからは手順のまとめとして、詳細な解説を一切省いた手順、そして予想する際に必要な表をすべて掲載する。予想するためだけにシンプルに構成したので、必要な箇所を探すのに便利だろう。ある程度慣れたら、ここを開いて予想することをオススメする。ものの数分（もかからないと思うが）で予想が完了するはずである。

ステップ1
前々回と前回の抽選結果から、それぞれ最も小さい数字を確認する！

前々回と前回の抽選結果を確認し、それぞれの本数字のなかで最も小さい数字（＝最小数字）をチェックする。その際、ボーナス数字は無視すること。

ステップ2

最小数字グループ表を確認する!

前々回と前回の最小数字が、【A】【B】【C】【D】のどのグループになるのかを「最小数字グループ表」を使って確認する。

最小数字グループ表

最小数字	グループ	出現率
1	A	25.1%
2		
3	B	27.5%
4		
5		
6	C	26.2%
7		
8		
9		
10	D	21.3%
11		
12		
13		
14		
15		
16		
17		

※最小数字が「18」以上となった場合は、グループ【D】として取り扱うこと。

ステップ3

前々回→前回のグループの変化から、今回のグループを決定する！

左の「グループ決定表」の該当箇所をチェックし、前々回と前回の最小数字のグループの変化から今回のグループを決定する。

前々回→前回の変化と照らし合わせ、最も出現率の高いグループを選ぶのが基本ルール。

なお、「グループ決定表」で最も出現率が高いグループがステップ4における第1推奨、次に出現率が高いグループが第2推奨となる。第1推奨のグループを選ぶのが基本ルールとなるが、第1章で解説した点をしっかりご理解いただけているようであれば、あえて第2推奨を選択する手もある。

グループ決定表（前々回Bの場合）

前々回→前回	今回のグループ	出現率
B→A	A	30.6%
	B	26.5%
	C	22.4%
	D	20.4%
B→B	A	20.0%
	B	35.6%
	C	24.4%
	D	20.0%
B→C	A	29.8%
	B	35.1%
	C	17.5%
	D	17.5%
B→D	A	22.2%
	B	31.1%
	C	28.9%
	D	17.8%

グループ決定表（前々回Aの場合）

前々回→前回	今回のグループ	出現率
A→A	A	26.2%
	B	28.6%
	C	28.6%
	D	16.7%
A→B	A	32.0%
	B	22.0%
	C	26.0%
	D	20.0%
A→C	A	22.0%
	B	29.3%
	C	22.0%
	D	26.8%
A→D	A	32.6%
	B	18.6%
	C	25.6%
	D	23.3%

グループ決定表（前々回Dの場合）

前々回→前回	今回のグループ	出現率
D→A	A	20.0%
	B	35.0%
	C	22.5%
	D	22.5%
D→B	A	25.5%
	B	25.5%
	C	21.3%
	D	27.7%
D→C	A	28.3%
	B	19.6%
	C	21.7%
	D	30.4%
D→D	A	20.0%
	B	24.4%
	C	35.6%
	D	20.0%

グループ決定表（前々回Cの場合）

前々回→前回	今回のグループ	出現率
C→A	A	18.6%
	B	30.2%
	C	23.3%
	D	27.9%
C→B	A	25.5%
	B	12.7%
	C	47.3%
	D	14.5%
C→C	A	17.1%
	B	34.1%
	C	34.1%
	D	14.6%
C→D	A	23.4%
	B	36.2%
	C	17.0%
	D	23.4%

ステップ4
今回のグループから、軸数字を決定する!

このステップでは軸数字（今回の最小数字）の絞り込みを行なうが、ステップ3で決定したグループから自分で好きな数字を選んで軸数字を決める場合は、そのままステップ5へと進んでいただきたい。

データに基づいた選択をしたい方、自動的に軸数字を決めたいという方は、左の「軸数字出現率表」、あるいは49ページより掲載した「軸数字決定表」を使って軸数字を絞り込むことができる。位置づけとしては、軸数字を決める補完的なデータだと考えていただきたい。ただし補完とはいえ、精度は非常に高いので、有効な絞り込み手段となる。

軸数字出現率表

グループ	軸数字	出現率
A	1	12.5%
	2	12.6%
B	3	10.7%
	4	9.8%
	5	7.0%
C	6	9.1%
	7	6.8%
	8	7.0%
	9	3.3%
D	10	5.0%
	11	3.7%
	12	3.4%
	13	1.8%
	14	2.6%
	15	1.8%
	16	1.8%
	17	1.4%

「軸数字出現率表」は各数字が軸数字（＝最小数字）として出現する確率をまとめたもの。
ステップ3で決定したグループに属する数字の出現率を参考に軸数字を決めるのもひとつの手だ。

次ページから掲載する「軸数字決定表」の見方を簡単に説明しておくと、左から前々回→前回のグループの変化で、その右が今回の軸数字が属するグループ。ここまでは「グループ決定表」の内容と同じだ。その右にあるのが、今回のグループに該当する軸数字の候補となり、確率とは前々回→前回→今回のグループ変化の場合に、それぞれの数字が軸数字となる確率である。

いちばん右の欄の「推奨」はグループ決定における優先順位。要するに「グループ決定表」で最も確率が高いグループが第1推奨で、その次に確率が高いグループが第2推奨となっている。ちなみに第1推奨、あるいは第2推奨が複数あるのは、確率が同じだったところである。

また、第1推奨、あるいは第2推奨にグループ【D】が該当する場合、出現率のトータルが100%にならないことがある。これは【18】以上の数字が最小数字（軸数字）となったことを示す。

本書では使い勝手と出現率を熟考したうえで、軸数字を【1】～【17】としているが、49ページの「軸数字出現率表」を見ればわかるとおり、そもそも【18】以上の数字が最小数字（＝軸数字）となる確率は3・6%しかない。あえてこれを狙いに行くのは効率的ではないと判断し、以降を割愛した。

したがってステップ3にて決定したグループが【D】となった場合は、【11】～【17】の数字のなかから軸数字を選んでいただきたい。

軸数字決定表（前々回がAの場合）

前々回→前回	今回	軸数字	出現率	推奨
A→A	B	3	33.3%	第1推奨
		4	33.3%	
		5	33.3%	
	C	6	25.0%	第1推奨
		7	25.0%	
		8	33.3%	
		9	16.7%	
A→B	A	1	56.3%	第1推奨
		2	43.8%	
	C	6	30.8%	第2推奨
		7	53.8%	
		8	7.7%	
		9	7.7%	
A→C	B	3	33.3%	第1推奨
		4	41.7%	
		5	25.0%	
	D	10	18.2%	第2推奨
		11	9.1%	
		12	18.2%	
		13	0.0%	
		14	27.3%	
		15	0.0%	
		16	18.2%	
		17	9.1%	
A→D	A	1	71.4%	第1推奨
		2	28.6%	
	C	6	27.3%	第2推奨
		7	36.4%	
		8	9.1%	
		9	27.3%	

軸数字決定表（前々回がBの場合）

前々回→前回	今回	軸数字	出現率	推奨
B→A	A	1	46.7%	第1推奨
		2	53.3%	
	B	3	69.2%	第2推奨
		4	23.1%	
		5	7.7%	
B→B	B	3	25.0%	第1推奨
		4	50.0%	
		5	25.0%	
	C	6	27.3%	第2推奨
		7	9.1%	
		8	36.4%	
		9	27.3%	
B→C	B	3	30.0%	第1推奨
		4	35.0%	
		5	35.0%	
	A	1	52.9%	第2推奨
		2	47.1%	
B→D	B	3	57.1%	第1推奨
		4	21.4%	
		5	21.4%	
	C	6	46.2%	第2推奨
		7	15.4%	
		8	15.4%	
		9	23.1%	

軸数字決定表（前々回がCの場合）

前々回→前回	今回	軸数字	出現率	推奨
C→A	B	3	46.2%	第1推奨
		4	30.8%	
		5	23.1%	
	D	10	33.3%	第2推奨
		11	25.0%	
		12	16.7%	
		13	0.0%	
		14	0.0%	
		15	8.3%	
		16	8.3%	
		17	8.3%	
C→B	C	6	26.9%	第1推奨
		7	23.1%	
		8	30.8%	
		9	19.2%	
	A	1	42.9%	第2推奨
		2	57.1%	
C→C	B	3	21.4%	第1推奨
		4	64.3%	
		5	14.3%	
	C	6	28.6%	第1推奨
		7	35.7%	
		8	28.6%	
		9	7.1%	

※次ページに続く

軸数字決定表（前々回がCの場合）

前々回→前回	今回	軸数字	出現率	推奨
C→D	B	3	47.1%	第1推奨
		4	29.4%	
		5	23.5%	
	A	1	45.5%	第2推奨
		2	54.5%	
	D	10	27.3%	第2推奨
		11	36.4%	
		12	0.0%	
		13	9.1%	
		14	0.0%	
		15	18.2%	
		16	0.0%	
		17	9.1%	

軸数字決定表（前々回がDの場合）

前々回→前回	今回	軸数字	出現率	推奨
D→A	B	3	35.7%	第1推奨
		4	42.9%	
		5	21.4%	
	C	6	77.8%	第2推奨
		7	11.1%	
		8	11.1%	
		9	0.0%	
	D	10	33.3%	第2推奨
		11	22.2%	
		12	22.2%	
		13	11.1%	
		14	0.0%	
		15	0.0%	
		16	0.0%	
		17	11.1%	
D→B	D	10	30.0%	第1推奨
		12	70.0%	
		13	54.5%	
		14	45.5%	
		15	27.3%	
		16	36.4%	
		17	9.1%	
	A	1	0.0%	第2推奨
		2	27.3%	
	B	3	30.0%	第2推奨
		4	20.0%	
		5	50.0%	

※次ページに続く

軸数字決定表（前々回がDの場合）

前々回→前回	今回	軸数字	出現率	推奨
D→C	D	10	28.6%	第1推奨
		11	7.1%	
		12	28.6%	
		13	0.0%	
		14	14.3%	
		15	14.3%	
		16	0.0%	
		17	7.1%	
	A	1	53.8%	第2推奨
		2	46.2%	
D→D	C	6	25.0%	第1推奨
		7	12.5%	
		8	43.8%	
		9	18.8%	
	B	3	36.4%	第2推奨
		4	18.2%	
		5	45.5%	

ステップ5
軸数字のチャンスシートに「億万長者ボード」を重ねる！

軸数字が決定したら、該当する数字のチャンスシートを開き、「億万長者ボード」を重ねる。

重ね方は、「億万長者ボード」の上部にある筆頭数字（ピンク色の囲み）の穴を、チャンスシート上部に配置された5つの筆頭数字にそれぞれ合わせるだけだ。

重ねる順番は、次の通り。

上段左→上段真ん中→上段右→下段左→下段右

それぞれの穴から浮かび上がる5つの数字（筆頭数字1つ＋相手数字4つ）と軸数字をマークすれば、予想は完了。あとは宝くじ売り場等で購入するだけである。

「億万長者ボード」筆頭数字の穴を、チャンスシートの筆頭数字（5つ）にそれぞれ重ねていく。

軸数字

3

チャンスシート 1

筆頭数字

18	18	18
13		36

相手数字

31	37	8	33	15	8	21
14	24	21	6	36	5	23
24	29	24	26	39	27	5
19	40	7	11	27	6	29
20	12	26	LOTO6	31	39	11
41	25	30	4	13	22	29
36	25	13	36	18	26	7
29	33	19	10	36	34	13
8	16	18	17	17	31	9

第3章

「億万長者ボード」を重ねるだけ！ チャンスシート一挙大公開!!

LOTO 6

筆頭数字

1位 16

2位 41

3位 13

軸数字

1

筆頭数字順位表

数字	回数	順位
1	0	-
2	11	19
3	7	38
4	12	16
5	13	7
6	7	39
7	7	40
8	8	34
9	10	24
10	8	35
11	12	17
12	7	41
13	14	3
14	10	25
15	13	8
16	18	1
17	12	18
18	7	42
19	13	9
20	10	26
21	10	27
22	11	20

数字	回数	順位
23	14	4
24	9	30
25	13	10
26	9	31
27	11	21
28	10	28
29	8	36
30	10	29
31	9	32
32	8	37
33	9	33
34	13	11
35	13	12
36	14	5
37	14	6
38	13	13
39	11	22
40	13	14
41	15	2
42	11	23
43	13	15

※筆頭数字の出現回数が同じ場合、数字が小さいほうの順位を上位とする。以下の数字も同じ。

軸数字

1

チャンスシート 1

筆頭数字

16	16	16
41		13

相手数字

13	5	13	31	9	8	16
26	19	30	26	27	23	22
5	43	11	5	21	18	12
16	8	13	7	19	4	25
24	19	22	LOTO6	20	36	11
21	27	6	18	41	37	40
2	36	41	34	23	9	24
41	6	13	21	36	31	40
2	22	8	37	25	4	23

筆頭数字

41	41	41
16		13

軸数字

1

チャンスシート 2

相手数字

16	17	43	34	10	22	5
18	9	5	19	21	27	15
15	37	22	11	39	15	6
24	33	14	29	27	25	34
8	40	21	LOTO6	10	6	13
17	13	38	7	27	25	23
43	34	13	35	2	30	14
32	3	43	37	35	23	38
2	43	28	15	11	36	27

軸数字

1

チャンスシート 3

筆頭数字

13	13	13
16		41

相手数字

16	27	36	22	7	9	15
19	33	14	28	23	35	43
38	17	4	39	18	10	6
11	20	5	40	4	22	11
25	7	27	LOTO6	13	34	37
15	12	35	24	36	41	4
35	43	5	19	2	31	18
19	22	17	13	19	17	16
5	25	27	37	9	14	3

筆頭数字

1位	12
2位	14
3位	6

軸数字

2

筆頭数字順位表

数字	回数	順位
1	—	—
2	—	—
3	11	20
4	9	29
5	12	15
6	17	3
7	7	39
8	14	8
9	9	30
10	10	24
11	15	4
12	18	1
13	12	16
14	18	2
15	10	25
16	15	5
17	12	17
18	8	34
19	10	26
20	11	21
21	7	40
22	14	9

数字	回数	順位
23	13	11
24	8	35
25	13	12
26	13	13
27	11	22
28	11	23
29	14	10
30	10	27
31	10	28
32	9	31
33	8	36
34	9	32
35	12	18
36	8	37
37	12	19
38	13	14
39	5	41
40	8	38
41	9	33
42	15	6
43	15	7

軸数字

2

チャンスシート 1

筆頭数字

12	12	12
14		6

相手数字

6	14	31	32	11	15	20
24	3	16	34	14	26	38
38	17	16	6	17	5	25
33	43	37	10	22	31	27
9	27	15	LOTO6	35	40	11
14	6	11	3	23	42	6
43	35	8	23	5	14	37
26	3	8	13	25	19	29
16	31	24	38	22	7	12

筆頭数字

14	14	14
12		6

軸数字

2

チャンスシート 2

相手数字

21	35	38	7	11	29	20
14	3	16	34	34	42	8
11	19	29	21	17	5	25
33	43	37	10	27	31	34
9	27	15	LOTO6	6	11	29
14	6	11	3	43	6	16
10	12	29	27	32	14	5
26	32	8	13	29	24	41
8	37	12	22	42	7	12

軸数字

2

チャンスシート 3

筆頭数字

6	6	6
12		14

相手数字

12	23	32	24	15	43	5
21	9	26	4	25	27	43
43	29	12	39	9	31	18
8	40	22	5	16	37	18
25	13	3	LOTO6	23	8	43
9	32	26	19	29	35	11
35	37	14	26	8	38	17
12	17	29	16	22	6	40
16	35	27	41	24	11	20

筆頭数字

1位 18

2位 13

3位 36

軸数字

3

筆頭数字順位表

数字	回数	順位
1	—	—
2	—	—
3	—	—
4	12	6
5	10	15
6	9	23
7	10	16
8	13	4
9	9	24
10	7	34
11	9	25
12	11	12
13	14	2
14	9	26
15	9	27
16	12	7
17	12	8
18	18	1
19	8	31
20	10	17
21	7	35
22	8	32
23	12	9
24	12	10
25	12	11
26	10	18
27	10	19
28	13	5
29	9	28
30	10	20
31	11	13
32	9	29
33	8	33
34	6	38
35	7	36
36	14	3
37	10	21
38	4	39
39	9	30
40	7	37
41	11	14
42	4	40
43	10	22

軸数字

3

チャンスシート 1

筆頭数字

18	18	18
13		36

相手数字

31	37	8	33	15	8	21
14	24	21	6	36	5	23
24	29	24	26	39	27	5
19	40	7	11	27	6	29
20	12	26	LOTO6	31	39	11
41	25	30	4	13	22	29
36	25	13	36	18	26	7
29	33	19	10	36	34	13
8	16	18	17	17	31	9

筆頭数字

13	13	13
18		36

軸数字

3

チャンスシート 2

相手数字

18	28	26	20	43	6	24
23	36	4	17	21	31	43
37	7	41	21	42	11	5
40	21	28	22	16	7	28
9	39	16	LOTO6	41	5	25
35	30	27	13	28	36	5
17	41	23	20	42	11	42
32	20	38	19	26	25	23
4	28	9	16	31	8	12

軸数字

3

チャンスシート3

筆頭数字

36	36	36
18		13

相手数字

16	18	23	42	15	8	21
14	33	21	6	18	27	37
36	24	17	14	39	27	5
19	40	7	11	17	43	25
20	12	26	LOTO6	31	13	29
41	25	5	4	29	31	5
36	43	8	18	16	26	30
29	13	19	10	25	34	29
23	41	11	37	17	31	9

筆頭数字

1位 31

2位 11

3位 38

軸数字

4

筆頭数字順位表

数字	回数	順位
1	—	—
2	—	—
3	—	—
4	—	—
5	12	4
6	9	17
7	11	8
8	8	27
9	10	11
10	9	18
11	13	2
12	11	9
13	6	35
14	9	19
15	8	28
16	9	20
17	10	12
18	10	13
19	9	21
20	10	14
21	9	22
22	12	5
23	8	29
24	5	38
25	9	23
26	9	24
27	9	25
28	7	32
29	5	39
30	12	6
31	14	1
32	7	33
33	12	7
34	8	30
35	11	10
36	10	15
37	9	26
38	13	3
39	8	31
40	7	34
41	6	36
42	10	16
43	6	37

軸数字

4

チャンスシート 1

筆頭数字

31	31	31
11		38

相手数字

25	27	38	15	22	18	13
23	16	33	9	30	35	7
7	25	21	41	37	24	28
15	40	14	33	20	17	30
36	32	5	LOTO6	23	29	21
6	17	38	14	38	11	14
31	11	18	22	10	31	28
10	42	21	5	33	6	42
17	38	32	18	19	27	12

筆頭数字

11	11	11
31		38

軸数字

4

チャンスシート 2

相手数字

31	38	18	9	28	31	9
5	41	17	39	36	17	22
17	32	33	8	33	6	25
8	34	30	24	30	35	36
27	19	7	LOTO6	27	11	6
16	25	22	12	16	25	30
33	24	31	37	9	5	20
11	39	40	10	36	17	9
6	9	29	20	15	21	18

軸数字

4

チャンスシート 3

筆頭数字

38	38	38
31		11

相手数字

12	31	27	17	5	12	25
7	13	29	41	23	35	14
12	42	21	15	39	26	11
23	19	33	5	20	30	35
32	14	9	LOTO6	25	36	9
20	42	31	35	31	11	17
33	7	25	22	15	35	24
40	24	12	27	33	10	42
25	42	38	12	16	21	17

筆頭数字

1位 39

2位 28

3位 7

軸数字

5

筆頭数字順位表

数字	回数	順位	数字	回数	順位
1	—	—	23	7	19
2	—	—	24	5	30
3	—	—	25	7	20
4	—	—	26	9	7
5	—	—	27	8	13
6	7	16	28	11	2
7	10	3	29	6	25
8	7	17	30	2	36
9	4	33	31	5	31
10	8	9	32	6	26
11	3	35	33	8	14
12	10	4	34	8	15
13	9	5	35	5	32
14	8	10	36	1	38
15	6	22	37	7	21
16	7	18	38	9	8
17	8	11	39	17	1
18	5	29	40	2	37
19	8	12	41	6	27
20	9	6	42	6	28
21	6	23	43	4	34
22	6	24			

軸数字

5

チャンスシート 1

筆頭数字

39	39	39
28		7

相手数字

7	34	19	34	9	19	15
28	35	40	14	33	14	7
34	24	13	42	8	33	10
8	32	39	6	7	37	25
38	18	30	LOTO6	33	43	9
27	5	23	12	28	20	26
41	12	28	37	21	16	24
13	31	34	26	13	41	33
29	17	31	38	21	34	20

筆頭数字

28	28	28
39		7

軸数字

5

チャンスシート 2

相手数字

13	16	26	24	30	9	20
26	33	42	39	16	20	39
38	15	19	25	35	25	14
38	7	19	22	12	11	23
27	40	6	LOTO6	17	35	38
9	16	10	41	23	37	12
20	39	7	19	25	43	31
11	32	34	7	17	29	26
6	23	12	34	23	12	18

軸数字

5

チャンスシート 3

筆頭数字

7	7	7
39		28

相手数字

26	28	39	9	28	11	6
9	12	32	16	34	37	12
13	39	27	21	40	16	31
16	29	35	10	16	37	33
25	8	19	LOTO6	7	17	28
8	43	14	26	39	14	20
13	19	17	27	25	34	32
18	38	41	13	27	12	38
13	33	8	14	43	27	7

筆頭数字

1位	30
2位	31
3位	36

軸数字

6

筆頭数字順位表

数字	回数	順位
1	ー	ー
2	ー	ー
3	ー	ー
4	ー	ー
5	ー	ー
6	ー	ー
7	7	30
8	11	7
9	7	31
10	11	8
11	7	32
12	9	12
13	7	33
14	8	22
15	6	35
16	8	23
17	12	4
18	9	13
19	8	24
20	11	9
21	9	14
22	8	25

数字	回数	順位
23	10	10
24	12	5
25	6	36
26	6	37
27	9	15
28	10	11
29	7	34
30	13	1
31	13	2
32	9	16
33	8	26
34	9	17
35	9	18
36	13	3
37	8	27
38	9	19
39	12	6
40	9	20
41	9	21
42	8	28
43	8	29

軸数字

6

チャンスシート 1

筆頭数字

30	30	30
31		36

相手数字

17	23	32	11	27	15	34
36	7	26	14	24	31	36
41	13	18	23	40	28	16
8	35	41	29	17	13	24
42	19	24	LOTO6	9	22	28
34	9	36	14	31	35	10
13	36	18	27	7	21	15
7	43	23	31	23	11	34
12	35	16	41	22	32	37

筆頭数字

31	31	31
30		36

軸数字

6

チャンスシート2

相手数字

30	36	10	18	7	12	15
42	8	31	43	39	12	18
17	22	23	16	11	36	24
15	27	41	32	28	13	28
9	39	19	LOTO6	17	27	9
34	24	7	20	11	21	24
28	15	23	38	15	7	23
38	18	11	22	34	25	39
8	39	30	12	31	37	8

軸数字

6

チャンスシート 3

筆頭数字

36	36	36
30		31

相手数字

39	10	21	22	38	28	7
25	17	37	10	17	19	32
38	9	40	13	34	18	21
11	27	8	21	41	9	21
43	22	31	LOTO6	31	43	11
39	8	14	26	23	27	40
43	30	31	17	25	13	33
15	32	23	30	12	29	27
9	24	41	28	24	36	20

筆頭数字	
1位	18
2位	35
3位	38

軸数字
7

筆頭数字順位表

数字	回数	順位
1	—	—
2	—	—
3	—	—
4	—	—
5	—	—
6	—	—
7	—	—
8	6	21
9	9	4
10	9	5
11	5	27
12	6	22
13	8	10
14	7	19
15	9	6
16	8	11
17	8	12
18	13	1
19	8	13
20	6	23
21	3	32
22	2	35
23	6	24
24	3	33
25	2	36
26	5	28
27	9	7
28	7	20
29	5	29
30	8	14
31	6	25
32	6	26
33	9	8
34	9	9
35	12	2
36	8	15
37	8	16
38	12	3
39	8	17
40	8	18
41	3	34
42	4	31
43	5	30

軸数字

7

チャンスシート 1

筆頭数字

18	18	18
35		38

相手数字

27	23	35	27	32	14	18
13	29	8	39	30	35	38
37	43	13	17	10	8	30
17	35	19	12	8	33	19
43	23	27	LOTO6	9	41	25
28	8	42	11	35	39	15
15	38	13	27	25	18	37
34	16	37	21	16	38	27
29	33	43	34	10	31	12

筆頭数字

35	35	35
18		38

軸数字

7

チャンスシート 2

相手数字

9	17	39	13	11	30	27
33	14	40	37	18	23	43
36	28	8	18	20	34	12
36	9	17	43	9	21	10
12	11	31	LOTO6	33	18	36
18	19	28	9	23	38	18
38	43	13	27	10	8	37
42	23	39	26	28	38	21
8	33	10	34	13	22	25

軸数字

7

チャンスシート 3

筆頭数字

38	38	38
18		35

相手数字

18	35	37	21	30	14	23
28	34	8	42	27	40	9
10	16	19	22	33	18	26
12	41	13	8	19	36	34
31	38	22	LOTO6	35	18	21
21	10	34	16	33	16	15
9	15	23	28	33	34	38
11	25	17	29	34	24	40
12	37	16	15	32	17	27

筆頭数字

1位 15

2位 20

3位 24

軸数字

8

筆頭数字順位表

数字	回数	順位
1	—	—
2	—	—
3	—	—
4	—	—
5	—	—
6	—	—
7	—	—
8	—	—
9	6	22
10	9	8
11	7	16
12	5	28
13	10	6
14	5	29
15	13	1
16	8	12
17	1	35
18	6	23
19	7	17
20	13	2
21	7	18
22	4	33

数字	回数	順位
23	9	9
24	12	3
25	5	30
26	9	10
27	12	4
28	2	34
29	6	24
30	6	25
31	8	13
32	6	26
33	8	14
34	8	15
35	7	19
36	9	11
37	7	20
38	6	27
39	5	31
40	12	5
41	10	7
42	7	21
43	5	32

軸数字

8

チャンスシート 1

筆頭数字

15	15	15
20		24

相手数字

20	26	36	35	20	37	10
25	21	31	28	24	31	41
36	41	16	39	11	30	12
11	36	22	9	16	21	23
27	9	14	LOTO6	31	41	15
33	24	40	26	36	37	19
36	27	20	24	27	42	14
17	27	15	32	31	21	37
16	23	32	40	23	29	13

筆頭数字

20	20	20
15		24

軸数字

8

チャンスシート 2

相手数字

15	24	33	12	33	24	19
23	17	35	20	23	35	41
40	29	19	42	32	18	10
13	34	30	11	9	39	26
36	10	29	LOTO6	24	14	21
27	9	17	41	29	40	19
31	37	13	27	16	12	26
19	26	18	31	26	38	35
11	37	34	41	9	25	14

軸数字

8

チャンスシート 3

筆頭数字

24	24	24
15		20

相手数字

15	31	33	41	17	31	12
18	13	25	20	21	34	36
42	13	34	29	9	16	29
14	38	16	32	13	12	37
33	21	9	LOTO6	38	19	23
40	22	11	15	31	42	13
15	38	20	27	34	10	43
42	9	28	10	21	35	9
26	34	20	26	37	11	23

筆頭数字

1位	21
2位	28
3位	33

軸数字

9

筆頭数字順位表

数字	回数	順位	数字	回数	順位
1	—	—	23	5	6
2	—	—	24	1	33
3	—	—	25	4	12
4	—	—	26	3	18
5	—	—	27	2	29
6	—	—	28	7	2
7	—	—	29	3	19
8	—	—	30	6	5
9	—	—	31	2	30
10	4	8	32	3	20
11	4	9	33	7	3
12	6	4	34	4	13
13	2	23	35	4	14
14	2	24	36	1	34
15	3	17	37	5	7
16	2	25	38	2	31
17	4	10	39	3	21
18	2	26	40	4	15
19	2	27	41	4	16
20	2	28	42	2	32
21	8	1	43	3	22
22	4	11			

軸数字

9

チャンスシート 1

筆頭数字

21	21	21
28		33

相手数字

12	28	33	41	19	38	31
22	12	35	23	28	34	41
37	34	15	12	31	41	24
29	25	16	27	21	18	21
17	19	32	LOTO6	17	28	30
22	28	43	10	33	40	22
28	37	17	30	21	24	26
11	20	19	26	25	25	30
23	30	34	38	19	33	14

筆頭数字

28	28	28
21		33

軸数字

9

チャンスシート 2

相手数字

21	33	41	37	24	25	11
35	22	37	41	30	40	12
12	29	25	28	39	22	33
24	23	31	23	25	10	34
16	27	21	LOTO6	30	33	12
30	34	10	43	39	11	21
39	16	15	35	22	16	15
19	14	38	34	26	36	37
16	38	23	17	40	18	21

軸数字

9

チャンスシート 3

筆頭数字

33	33	33
21		28

相手数字

39	11	21	29	31	24	10
27	21	10	39	17	23	26
23	25	33	21	37	34	25
20	18	21	16	35	26	38
16	12	13	LOTO6	25	37	14
36	28	40	23	21	28	35
39	25	41	12	13	41	15
14	32	33	13	37	30	17
25	15	19	23	33	17	19

筆頭数字

1位 22

2位 37

3位 12

軸数字

10

筆頭数字順位表

数字	回数	順位
1	—	—
2	—	—
3	—	—
4	—	—
5	—	—
6	—	—
7	—	—
8	—	—
9	—	—
10	—	—
11	4	24
12	8	3
13	5	15
14	5	16
15	5	17
16	3	30
17	6	10
18	8	4
19	3	31
20	6	11
21	4	25
22	11	1

数字	回数	順位
23	6	12
24	5	18
25	8	5
26	5	19
27	5	20
28	4	26
29	5	21
30	6	13
31	5	22
32	2	33
33	7	9
34	4	27
35	4	28
36	4	29
37	9	2
38	5	23
39	8	6
40	3	32
41	8	7
42	8	8
43	6	14

軸数字

10

チャンスシート 1

筆頭数字

22	22	22
37		12

相手数字

12	23	39	30	34	38	26
29	25	31	21	18	30	43
39	37	14	37	23	11	15
42	32	29	22	13	35	25
25	19	30	LOTO6	25	31	18
13	31	19	43	33	37	12
26	37	17	20	41	37	14
13	35	29	40	20	28	33
30	24	26	36	43	14	38

筆頭数字

37	37	37
22		12

軸数字

10

チャンスシート 2

相手数字

18	26	38	17	35	28	21
38	27	33	43	22	30	43
41	20	17	31	42	36	19
34	13	16	29	13	16	24
18	39	40	LOTO6	18	34	33
36	24	34	22	25	33	17
41	28	12	25	32	37	12
15	31	11	26	18	23	35
12	26	24	41	20	32	14

軸数字

10

チャンスシート 3

筆頭数字

12	12	12
22		37

相手数字

22	37	42	43	13	29	18
16	35	13	34	28	43	18
15	14	23	27	17	43	32
33	38	20	36	23	40	34
21	41	15	LOTO6	36	23	21
30	15	38	25	39	20	30
17	19	23	37	34	19	43
12	39	24	27	38	14	42
25	42	20	15	22	11	31

筆頭数字	
1位	14
2位	30
3位	39

軸数字

11

筆頭数字順位表

数字	回数	順位
1	—	—
2	—	—
3	—	—
4	—	—
5	—	—
6	—	—
7	—	—
8	—	—
9	—	—
10	—	—
11	—	—
12	2	26
13	5	10
14	7	1
15	6	5
16	4	17
17	4	18
18	6	6
19	5	11
20	6	7
21	3	23
22	1	29

数字	回数	順位
23	2	27
24	3	24
25	2	28
26	4	19
27	3	25
28	4	20
29	1	30
30	7	2
31	6	8
32	5	12
33	0	32
34	4	21
35	1	31
36	6	9
37	5	13
38	5	14
39	7	3
40	4	22
41	5	15
42	5	16
43	7	4

軸数字

11

チャンスシート 1

筆頭数字

14	14	14
30		39

相手数字

43	18	28	15	20	16	33
40	32	24	38	26	24	34
26	21	38	34	32	29	19
25	36	14	26	37	13	15
39	16	41	LOTO6	17	36	31
21	14	22	15	30	30	43
24	39	38	20	36	18	22
31	18	17	35	14	20	20
15	19	31	34	19	42	12

筆頭数字

30	30	30
14		39

軸数字

11

チャンスシート2

相手数字

14	28	38	14	35	33	41
24	22	43	32	28	39	43
37	12	18	16	29	43	38
27	33	12	27	15	34	26
18	36	23	LOTO6	31	29	21
28	13	22	14	36	42	18
39	43	15	34	25	30	26
21	15	19	24	26	35	31
19	31	38	42	31	17	39

軸数字

11

チャンスシート3

筆頭数字

39	39	39
14		30

相手数字

14	27	37	24	15	18	36
25	43	14	41	19	30	43
39	20	13	27	33	17	12
31	13	29	41	19	43	24
39	24	15	LOTO6	31	38	14
26	20	35	27	28	41	19
42	36	13	28	19	37	41
19	29	33	40	32	12	31
20	36	15	36	28	30	42

筆頭数字

1位 32

2位 29

3位 31

軸数字

12

筆頭数字順位表

数字	回数	順位
1	—	—
2	—	—
3	—	—
4	—	—
5	—	—
6	—	—
7	—	—
8	—	—
9	—	—
10	—	—
11	—	—
12	—	—
13	4	13
14	2	25
15	6	4
16	3	20
17	2	26
18	5	7
19	4	14
20	2	27
21	4	15
22	5	8

数字	回数	順位
23	5	9
24	1	30
25	5	10
26	2	28
27	5	11
28	3	21
29	7	2
30	4	16
31	7	3
32	9	1
33	0	31
34	4	17
35	6	5
36	2	29
37	3	22
38	3	23
39	3	24
40	5	12
41	6	6
42	4	18
43	4	19

軸数字

12

チャンスシート 1

筆頭数字

32	32	32
29		31

相手数字

41	18	25	40	21	36	14
18	35	33	21	15	23	31
35	13	35	43	16	32	13
22	42	23	17	40	24	19
13	35	42	LOTO6	39	14	29
23	29	26	20	29	29	40
30	31	35	19	37	22	19
16	41	22	24	19	15	22
24	24	29	25	30	43	25

筆頭数字

29	29	29
32		31

軸数字

12

チャンスシート 2

相手数字

37	18	22	16	43	22	16
13	23	27	14	23	25	27
27	26	41	37	35	40	31
15	33	40	13	38	15	18
37	17	29	LOTO6	18	25	32
30	32	13	24	27	31	37
23	32	38	15	40	29	16
34	30	18	16	15	26	24
14	21	31	37	17	42	20

軸数字

12

チャンスシート 3

筆頭数字

31	31	31
32		29

相手数字

29	34	38	36	35	22	17
21	34	40	23	32	40	15
22	17	34	21	16	14	31
26	34	28	34	30	37	39
13	15	20	LOTO6	42	15	28
33	29	41	16	38	21	23
22	18	29	27	32	18	35
19	43	15	24	37	25	41
32	41	14	21	36	30	17

筆頭数字

1位 29

2位 21

3位 26

軸数字

13

筆頭数字順位表

数字	回数	順位
1	—	—
2	—	—
3	—	—
4	—	—
5	—	—
6	—	—
7	—	—
8	—	—
9	—	—
10	—	—
11	—	—
12	—	—
13	—	—
14	1	19
15	2	12
16	2	13
17	2	14
18	3	8
19	1	20
20	0	26
21	5	2
22	3	9

数字	回数	順位
23	0	27
24	0	28
25	3	10
26	4	3
27	1	21
28	1	22
29	7	1
30	4	4
31	3	11
32	2	15
33	1	23
34	0	29
35	1	24
36	2	16
37	4	5
38	2	17
39	0	30
40	4	6
41	4	7
42	2	18
43	1	25

軸数字

13

チャンスシート 1

筆頭数字

29	29	29
21		26

相手数字

21	32	36	31	35	21	32
18	14	24	41	26	21	41
40	43	22	23	30	14	21
19	31	25	43	22	42	32
27	22	17	LOTO6	29	32	19
16	21	20	26	37	38	22
37	40	18	26	24	18	33
40	29	36	23	29	43	37
33	38	14	42	19	15	31

筆頭数字

21	21	21
29		26

軸数字

13

チャンスシート 2

相手数字

15	26	37	19	31	35	20
22	16	41	38	29	31	42
42	28	18	27	18	26	33
17	34	30	21	15	14	25
37	39	24	LOTO6	17	25	30
33	18	15	28	38	36	17
29	41	18	30	42	32	14
27	42	38	35	26	23	31
20	30	23	40	29	36	25

軸数字

13

チャンスシート 3

筆頭数字

26	26	26
29		21

相手数字

29	41	15	19	31	23	37
24	31	18	39	35	17	29
25	34	32	22	14	40	16
29	31	25	19	31	25	41
26	32	14	LOTO6	41	17	31
42	34	27	43	18	21	30
35	19	38	36	27	28	34
20	37	43	15	37	39	16
14	17	43	25	34	29	22

筆頭数字

1位 28

2位 31

3位 34

軸数字

14

筆頭数字順位表

数字	回数	順位	数字	回数	順位
1	—	—	23	2	23
2	—	—	24	2	24
3	—	—	25	4	8
4	—	—	26	4	9
5	—	—	27	3	16
6	—	—	28	6	1
7	—	—	29	4	10
8	—	—	30	1	28
9	—	—	31	6	2
10	—	—	32	3	17
11	—	—	33	5	5
12	—	—	34	6	3
13	—	—	35	4	11
14	—	—	36	3	18
15	3	14	37	4	12
16	2	21	38	2	25
17	1	26	39	3	19
18	2	22	40	6	4
19	1	27	41	3	20
20	4	6	42	4	13
21	4	7	43	0	29
22	3	15			

軸数字

14

チャンスシート1

筆頭数字

28	28	28
31		34

相手数字

40	20	34	15	40	21	32
38	16	22	18	26	31	35
33	23	41	27	21	15	36
26	30	19	34	36	31	26
41	23	27	LOTO6	20	33	27
20	37	35	15	31	26	42
23	34	37	21	41	19	21
43	31	42	30	16	39	31
21	29	22	37	28	25	35

筆頭数字

31	31	31
28		34

軸数字

14

チャンスシート 2

相手数字

20	25	35	36	19	28	37
31	19	27	38	28	34	40
40	42	20	16	42	36	20
25	39	21	35	25	19	29
17	33	24	LOTO6	38	39	17
30	34	40	15	35	37	21
39	42	22	26	20	41	32
43	16	23	30	32	22	35
26	33	18	42	32	19	17

軸数字

14

チャンスシート 3

筆頭数字

34	34	34
28		31

相手数字

27	32	42	31	42	37	16
17	22	20	24	28	40	25
22	40	27	18	26	31	18
33	16	21	39	29	19	32
38	22	17	LOTO6	34	32	17
26	29	34	19	39	21	33
37	16	22	36	26	25	15
15	18	30	28	36	43	39
39	41	35	18	36	22	28

筆頭数字

1位 36

2位 43

3位 18

軸数字

15

筆頭数字順位表

数字	回数	順位
1	—	—
2	—	—
3	—	—
4	—	—
5	—	—
6	—	—
7	—	—
8	—	—
9	—	—
10	—	—
11	—	—
12	—	—
13	—	—
14	—	—
15	—	—
16	3	7
17	2	15
18	4	3
19	4	4
20	3	8
21	3	9
22	3	10

数字	回数	順位
23	4	5
24	0	27
25	1	18
26	2	16
27	1	19
28	3	11
29	3	12
30	3	13
31	1	20
32	1	21
33	1	22
34	0	28
35	1	23
36	5	1
37	2	17
38	1	24
39	1	25
40	3	14
41	1	26
42	4	6
43	5	2

軸数字

15

チャンスシート 1

筆頭数字

36	36	36
43		18

相手数字

43	21	22	41	25	31	40
30	24	17	38	18	28	30
29	16	39	24	34	18	37
37	40	29	32	36	41	22
43	36	43	LOTO6	43	28	30
33	20	26	38	19	37	42
17	23	43	18	33	19	34
27	18	32	22	18	33	23
40	23	41	30	21	35	41

筆頭数字

43	43	43
36		18

軸数字

15

チャンスシート 2

相手数字

36	18	28	16	27	29	16
37	23	18	20	22	26	36
26	42	40	26	24	38	19
33	21	34	43	39	26	21
24	17	41	LOTO6	18	22	30
28	25	21	25	28	31	40
19	32	37	19	23	39	38
41	27	36	28	19	26	28
36	20	24	33	32	20	17

軸数字

15

チャンスシート 3

筆頭数字

18	18	18
36		43

相手数字

23	26	37	20	18	35	22
34	27	21	43	28	29	42
40	37	30	39	25	30	18
20	24	29	16	23	41	21
33	17	42	LOTO6	27	32	22
21	27	19	37	36	43	19
36	42	20	31	27	23	16
40	22	36	24	29	20	39
32	31	17	42	39	32	19

筆頭数字

1位 27

2位 29

3位 34

軸数字

16

筆頭数字順位表

数字	回数	順位
1	—	—
2	—	—
3	—	—
4	—	—
5	—	—
6	—	—
7	—	—
8	—	—
9	—	—
10	—	—
11	—	—
12	—	—
13	—	—
14	—	—
15	—	—
16	—	—
17	0	24
18	3	6
19	0	25
20	2	15
21	1	21
22	1	22

数字	回数	順位
23	3	7
24	2	16
25	2	17
26	1	23
27	7	1
28	3	8
29	4	2
30	3	9
31	0	26
32	3	10
33	3	11
34	4	3
35	4	4
36	3	12
37	2	18
38	3	13
39	4	5
40	2	19
41	2	20
42	3	14
43	0	27

軸数字

16

チャンスシート 1

筆頭数字

27	27	27
29		34

相手数字

29	35	40	20	39	18	30
19	20	21	23	34	38	25
18	35	27	42	23	28	24
42	25	24	36	25	43	33
27	32	28	LOTO6	23	34	41
17	39	25	30	39	24	28
19	23	29	34	22	19	33
33	26	34	20	30	31	38
27	36	31	23	27	38	22

筆頭数字

29	29	29
27		34

軸数字

16

チャンスシート 2

相手数字

27	38	39	29	22	23	28
31	24	37	19	37	40	24
23	36	26	37	27	25	37
32	40	17	39	30	42	29
25	35	38	LOTO6	37	33	38
33	20	18	20	41	28	32
41	18	34	35	25	31	26
19	36	29	41	33	27	40
20	39	34	21	24	43	30

軸数字

16

チャンスシート 3

筆頭数字

34	34	34
27		29

相手数字

42	24	30	21	32	22	41
31	18	37	22	18	28	36
32	21	42	26	19	23	35
24	36	21	24	36	25	23
27	26	18	LOTO6	35	38	30
17	19	28	27	29	35	39
39	32	40	25	33	25	40
25	30	36	34	18	38	34
19	42	21	37	23	43	26

筆頭数字	
1位	19
2位	33
3位	21

軸数字

17

筆頭数字順位表

数字	回数	順位
1	—	—
2	—	—
3	—	—
4	—	—
5	—	—
6	—	—
7	—	—
8	—	—
9	—	—
10	—	—
11	—	—
12	—	—
13	—	—
14	—	—
15	—	—
16	—	—
17	—	—
18	0	24
19	4	1
20	1	18
21	3	3
22	3	4

数字	回数	順位
23	2	9
24	1	19
25	2	10
26	3	5
27	2	11
28	1	20
29	3	6
30	2	12
31	2	13
32	0	25
33	4	2
34	1	21
35	2	14
36	0	26
37	3	7
38	1	22
39	2	15
40	2	16
41	3	8
42	1	23
43	2	17

軸数字

17

チャンスシート 1

筆頭数字

19	19	19
33		21

相手数字

21	29	39	21	37	18	32
42	24	36	23	26	33	43
41	21	22	36	24	19	38
29	37	19	21	23	40	31
36	23	28	LOTO6	23	27	34
20	35	40	30	33	41	21
24	37	23	25	31	38	24
31	43	22	41	26	22	35
39	35	18	43	20	37	25

筆頭数字

33	33	33
19		21

軸数字

17

チャンスシート 2

相手数字

35	43	22	34	20	29	42
41	23	38	25	40	21	25
30	43	33	20	32	41	18
24	35	22	27	31	26	38
43	21	34	LOTO 6	33	28	22
31	23	26	21	19	29	31
26	26	39	37	30	43	38
22	37	20	33	37	19	26
38	22	34	29	28	31	27

軸数字

17

チャンスシート 3

筆頭数字

21	21	21
19		33

相手数字

23	37	39	28	21	31	34
40	30	18	20	35	40	23
26	38	27	40	24	28	31
38	27	19	21	27	26	30
37	26	25	LOTO6	25	35	41
18	36	24	23	41	25	27
27	19	29	33	26	22	32
28	34	21	22	35	20	38
29	40	37	19	25	32	18

坂元裕介による
ロト6の買い目提供【郵送版】のご案内

坂元裕介によるロト６の買い目をお手紙にて郵送致します。

全国の郵便事情を踏まえ、郵送版は木曜日抽選分の買い目のみとなりますので、ご入会をご希望の方は、週１回の情報提供をご了承のうえお申込下さい。なお、お届けする買い目は30点。木曜日の抽選のみを対象としますので、郵送版の情報に関するデータは本書で使用しているものとは同一ではなく、木曜日の予想に特化したデータを使用します。木曜日の抽選にあわせて週１回の送付があり、会費は有料となります。

ご入会希望の方には無料の案内状をお送りしますので、ハガキに【お名前とご住所（予想の送付先）、電話番号】を必ずご記入のうえ、下記の宛先に資料請求してください。なお、お電話でのお申込は一切受け付けておりませんので、必ずハガキにてお申込みください。資料請求の受付期間は、2014年７月末までとなります。

【宛先】

〒151-0051
東京都渋谷区千駄ヶ谷 2-33-8　パークフロント45ビル 4F
東邦出版株式会社　坂元裕介係

【必ずご記入下さい】

- お名前
- 郵便番号
- ご住所（資料／予想の送付先）
- 電話番号

坂元裕介の公式アプリ

「億万長者ボード」を重ねるだけでロト6が当たるアプリ

坂元裕介の『億万長者ボード』が、iPhoneアプリになって遂に登場！

今やロト６の攻略に欠かせないものとなった「億万長者ボード」。その機能をフルに搭載したiPhoneアプリが誕生しました！　使い方は書籍と同じ。前々回、前回の最小数字を入力するだけで、出現率の高いグループ・軸数字があっという間に選択可能。

さらにアプリだけの特典として、「検証機能」を追加。今回の抽選結果、そして前々回、前回の最小数字を入力すると、どの数字が当選していたのかを瞬時に解析できるというかなり便利な機能です。

お求めはiTune Storeで！

【iTune Store】

iTune Store ⇒ App Store ⇒ ユーティリティ⇒ Digital View

※iTune Storeで「億万長者ボード・坂元・億万ロト」等で検索してもすぐに表示されます。

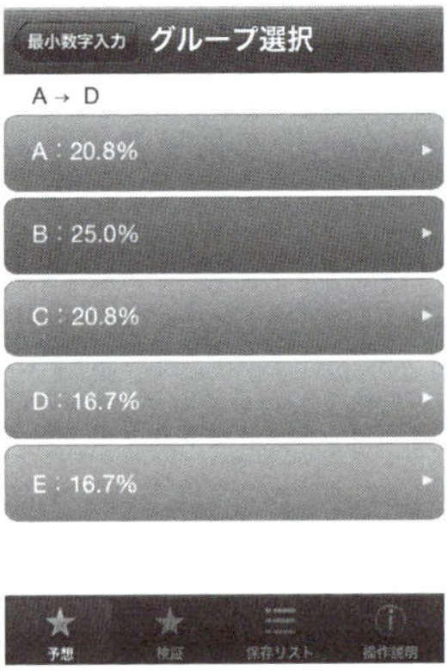

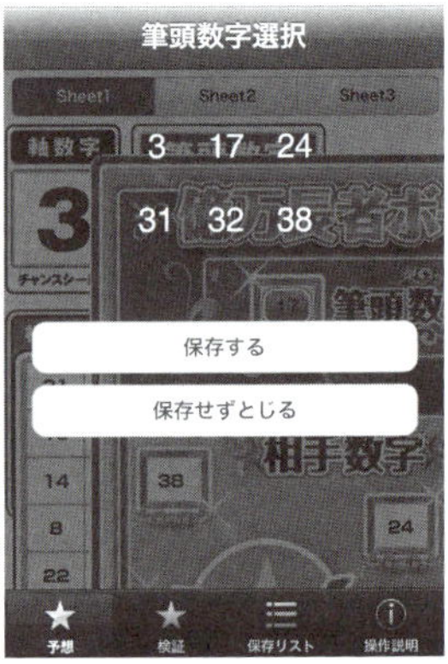

坂元裕介　さかもと ゆうすけ

2009年8月『「億万長者ボード」を重ねるだけでロト6が当たる本』で華々しいデビューを飾る。坂元が独自に開発した「億万長者ボード」と、高い精度の予想が話題を呼び、デビュー作がベストセラーに。ボード付きの宝くじ攻略本流行の立役者としても有名で、最初にボードを企画・開発した発想力は出版業界で高く評価された。さらに、2012年11月には『「億万長者ボード」を重ねるだけでミニロトが劇的に当たる本』を、2013年5月には『「億万長者ボード」を重ねるだけでナンバーズ4が何度も当たる本』を発表、大きな反響を呼んだ。本書が「億万長者ボード」シリーズの第12弾（いずれも東邦出版行）となる。

重ねるだけで人生が変わる「億万長者ボード」のロト6が当たる使い方

坂元裕介　著

2013年8月6日　初版第1刷　発行
発 行 人　保川敏克
発 行 所　東邦出版株式会社
〒151-0051　東京都渋谷区千駄ヶ谷2-33-8
パークフロント45ビル
TEL 03-5474-2505　FAX 03-5474-2507
http://www.toho-pub.com
印刷・製本　株式会社 Sun Fuerza
（本文用紙／オペラホワイトマックス AT39.5kg）